ANTOINE DUPONT

Je serai rugbyman

CAPODANNO · CASUCCI · EAVORSCHI

Mise en couleur par Caroline Godot

ANTOINE DUPONT

Je serai rugbyman

SPORT FACTORY

À ma famille et mes amis, qui me suivent
et m'accompagnent depuis toujours.

Antoine Dupont

STADE DE FRANCE,
3 FÉVRIER 2018.
MATCH FRANCE/IRLANDE.
CLAP
CLAP
Ouaiiis !
Alleeez !
CLAP
BUS

Elle est bonne,
Dupont sort la balle.
Crochet intérieur.
AAAAAAAAAAH !

Dupont plaqué.
Y a un blessé !
Merde...
Merde...
merde.
Ah là là, Dupont est K.-O., il ne se relève pas. À moins que ce ne soit le genou... Ah, j'ai peur.
FIIIIII...
Ah, ce gamin-là avait fait une entrée énorme, il avait apporté le petit truc qui manquait à l'équipe de France...
C'est pas possible, on est maudits.
Espérons que cela ne soit pas trop grave, car ce serait un premier gros coup d'arrêt de l'ascension fulgurante d'Antoine Dupont dans le rugby français.

COURAGE!!!
BRAVO!!!
BRAVO!!!
TOTO!
COURAGE!
MERCI TOTO!
Merde...

Tu viens, Toto ?
T'es à la bourre, on t'attend !
Il arrive, il enfile son maillot.

CASTELNAU-MAGNOAC, 2000.
Antoine, tu n'as pas le droit de jouer avec nous.
Tu le sais, tu es trop petit !
Allez, Toto !

Bravo, frangin, tu deviens presque bon, on dirait !
Arrête ! Quand est-ce que je pourrai vraiment jouer avec toi ?
Tu es trop petit, Toto, attends un peu.
Non, je suis pas trop petit, je veux jouer avec vous ! J'en ai marre d'être tout le temps trop petit !

Les garçons, venez goûter ! Vous prendrez une bonne douche après.
Toto, à la douche ! Kéké, ton père a besoin de toi avec les porcs.
C'est toi le porc !
Non, c'est toi !
Allez, viens, on va te laver, mon petit.

T'as vu mon maillot ? Je joue en équipe de France. Mais je veux bien aller jouer avec toi cet aprèm.
L'entraîneur voudra pas. Maman voudra pas.
MICHALAK
Je m'en fiche, je ferai pas la sieste.
Maman, je ferai pas la sieste, je veux aller avec Kéké !!!
Maman, je ferai pas la sieste, je ferai PLUS JAMAIS la sieste, je veux aller au rugby avec Kéké !!!
Pic
Pic
Pic
Maman, je ferai PLUS JAMAIS la sieste de TOUTE MA VIE ENTIÈRE !
Je veux aller au rugby avec Kéké, s'il te plaîîîîîîîîîîîîîîîîîîîît !!!

Fiiii iiiii iiiiiiiiii
Bon, mes petits lutins, pour le match de samedi, on va partir en bus. Prévoyez un pique-nique et une tenue de rechange, parce que je vous rappelle qu'il faut prendre une douche après le match, hein.
Ouaiiiiiiiiiiiiiiiiiiis !
Antoine, évidemment, je te demande pas si tu veux venir avec nous...
Je veux, je veux, je veux !
Ok, ok.
Je vais avec vous, je vais avec vous !
Mais si ça se trouve, tu vas regarder, et pas jouer.
MFC
MFC
O TARBAIS
MFC
MFC
TADO TAR

Comme c'est la rentrée, pour m'aider à mieux vous connaître...
Je vais vous demander de remplir cette petite fiche de renseignements, s'il vous plaît.
Nom
Prénom
Classe
Âge
Quel métier aimerais-tu faire plus tard ?
Âge
Quel métier aimerais-tu faire plus tard ?
Classe
Prénom
Rugbyman professionnel

CLINIQUE MÉDIPÔLE GARONNE,
8 FÉVRIER 2018.
Bonjour monsieur.
CLINIQUE MEDIPOLE GARONNE
On va y aller, mais avant, je dois vous poser quelques questions.
Votre nom ?
Dupont.
Avec un T ou un D ?
Un T.
Votre prénom ?
Antoine.
Votre métier ?
Rugbyman professionnel !

LYCÉE AGRICOLE DE BEAULIEU-LAVACANT, AUCH, RENTRÉE 2011-2012.
Samedi, tu joues gros, Antoine, c'est un méga match !
Je sais, Antho, mais comment je fais pour l'interro de lundi ? J'aurai jamais le temps de réviser !!
On va s'aider... On n'a qu'à bosser ensemble, ça marche mieux.
Mais dans 20 minutes, y a entraînement...
Ok, on s'grouille.

17 H.
Salut Toto !
Salut Paul !
Salut Théo !
T'as pris tes crampons ?
J'ai pas envie de courir aujourd'hui...
J'ai la trouille, moi, pour samedi.
J'ai encore mal à l'épaule, merde...
T'as du strap ?
J'ai la dalle !

Approchez, je vous donne la compo de l'équipe de samedi.

20 H.
Théo, Kevin, Loïc, Alexandre...
Gauthier, Maxime, Pierre...
Anthony, Paul et Antoine : remplaçants.
Il me fait pas confiance. Clairement, il a un truc contre moi.
Mais non... Tu psychotes.
Pas du tout ! Déjà samedi dernier, je jouais carrément pas ! C'est comme quand j'étais petit, personne ne me choisit jamais... J'en ai ras le bol...
Je peux même pas prouver ce que je vaux.
Arrête, ça va venir, Toto. Patience, t'es plus jeune que nous !
Antoine ? Patient ???

LBERT
BERT

Ça va ? T'es chaud ?
FCAG
Hmmm...
Fais pas la tronche, on va rentrer.
Hmmm...

Ce que je suis content d'être ici, ça me manque tellement quand je suis au lycée...
M'en parle pas !
Ah ça... être loin du pays, c'est pas évident !
Allez ouste, le chien !
Tu vas pouvoir en profiter, c'est les grandes vacances !
Ouais... enfin !

Allez, tiens, mange!
T'es con, c'est pas possible!
Haha!

YCÉE AGRICOLE DE BEAULIEU-LAVACANT, À AUCH. RENTRÉE 2012-2013. 17 H 30.
DRiiiiiiNN
Les gars, il est 17 h 35 ! Vous êtes plus que motivés, on dirait... C'est bien ça, ça fait plaisir.
Faites-moi dix tours de terrain en attendant les copains.
Et je veux vous voir comme ça samedi, contre les Toulousains.
Sympa la rentrée !

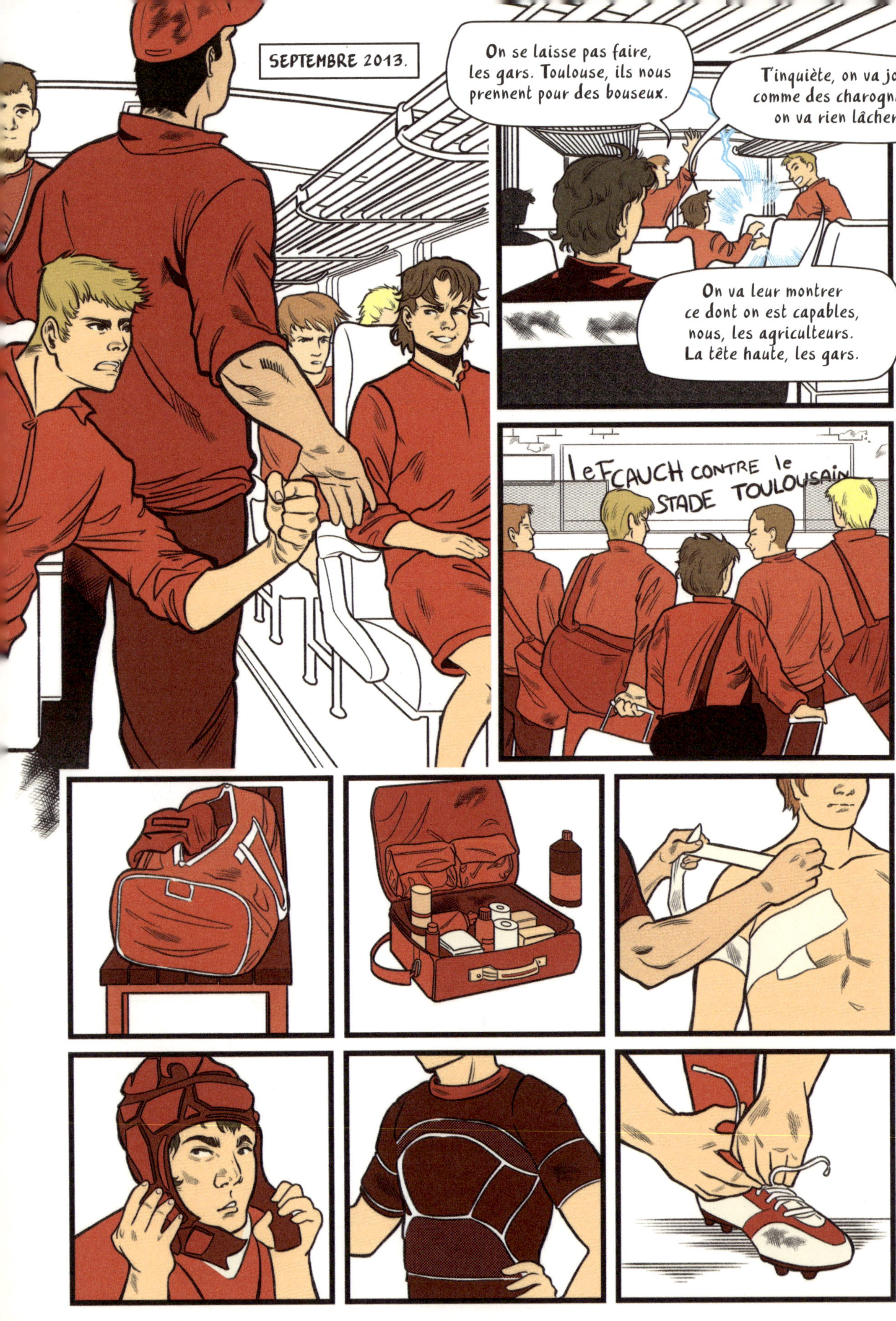
SEPTEMBRE 2013.
On se laisse pas faire, les gars. Toulouse, ils nous prennent pour des bouseux.
T'inquiète, on va jouer comme des charognards, on va rien lâcher !
On va leur montrer ce dont on est capables, nous, les agriculteurs. La tête haute, les gars.
leFCAUCH CONTRE le
STADE TOULOUSA

Ils se croient supérieurs, les Toulousains, sur tous les plans.
On va les cueillir, on va les bouffer...
On va leur montrer qui on est à Auch, on va s'envoyer les gars, tous, tous ensemble, on tombe, on s'relève, et on bille. On y va, GO !
Allez Toulouse !
Allez Toulouse !
Fiiiiiiiiiiiiii
GERS
france
GERS
FCAC
france
GERS
FCAC
france

Ouaiiiiiiiiiiiiiiiiiis !
Bravo les gars !
Hop-là !
14
10
GERS

Toulouse RCAUCH
13 : 15
Toto ? On cherche Toto !
Les gars, vous pouvez être fiers de vous, gagner à Toulouse, c'est énorme.
Vous aviez un super état d'esprit, vous leur avez montré que vous étiez valeureux, on va continuer comme ça.
Et moi, je propose qu'on continue chez Greg. Je l'appelle.
Allô, Greg ? On débarque avec l'équipe... Je sais pas trop... Une dizaine ?...
Pâtes et confit ce soir chez Greg, ça vous va ???
Ouaiiiiiiiiiiiiiis !

WELCOME chez les ALLDRITT

Allô, maman ? Tu sais quoi ????
Quoi ?
Je suis sélectionné en moins de 17 ans avec l'équipe de France !
Je vais faire un stage à Marcoussis !
Hein ? Mais c'est génial !!!
Je vais jouer contre l'Italie et contre l'Angleterre !
L'Angleterre ??? Clément ! Clément, viens voir... Antoine va jouer contre l'Angleterre !!!
L'Angleterre, ce sera à Givors !!!
Mon pote, si tu joues à Givors contre l'Angleterre, on vient tous te voir, on prend le minibus et on rapplique !
Y a intérêt !
Compte sur nous, je mets ça au point !
On est tous fiers de toi ici ! Reviens vite, mon grand ! On t'aime !
GIVORS
DUPONT

23 MAI 2014, 17 H.
Demain, c'est la finale des crabos. J'en reviens pas.
Et on la joue, mec, on y est !
Crabos ? C'est quoi, « crabos » ?
C'est les moins de 18 ans, idiot.
C'est la plus belle expérience que j'ai vécue.
C'est totalement ouf ! On est sur le toit du monde, là !
Tu te rends pas compte, on est en finale !
C'est hyper important, mec !
Ouais, enfin, c'est pas non plus la coupe du monde, hein.
Non, c'est encore mieux !

On n'a presque pas perdu de matchs de l'année. On a envoyé du gros jeu, beaucoup de jeu.
On était heureux d'être ensemble, on s'en foutait si on en bavait.
On chialait à chaque discours du capitaine tellement c'était fort.
En tous cas, les mecs, merde pour demain.
Ben ouais...
Vous pleuriez ? Carrément ?
Laisse tomber, tu peux pas comprendre.
On prend !

24 MAI 2014, SAINT-JUNIEN. FINALE CRABOS 2014.

Même si on a perdu,
ça aura été énorme.

CLINIQUE MÉDIPÔLE GARONNE, 9 FÉVRIER 2018.

Fais gaffe !
Alors ? Comment tu te sens ?
Un peu dans les vapes encore, mais ça va, j'ai pas trop mal.
T'as des anti-douleurs ?
Je crois, je sais pas trop,
j'ai pris ce qu'on m'a donné.
TOC TOC
Bonjour ! Je viens voir comment vous allez...
M'enfin !!! C'est quand même les ligaments croisés, Toto !
Tout s'est très bien déroulé,
dans 8 mois, vous êtes sur le pré !

ÉTÉ 2014...
CASTELNAU-MAGNOAC.
C'est pas compliqué : si je vais à Bordeaux...
... en demi de mêlée, y a déjà Adams, Lesgourgues et Serin.
Ça fait un max.
Mouais...
Ouais, mais bon, un club du top 14 qui m'appelle, quoi, tu te rends compte ? C'est génial !
Ouais, mais si tu joues pas, c'est pas la peine.
Non, c'est pas la peine.
Si je vais à Castres, ils ont Kockott et Garcia.
C'est pas n'importe qui non plus...
Oui, mais Kockott, à tous les coups, il va jouer avec l'équipe de France pour la coupe du monde en 2015... et Garcia, il est en fin de carrière.
Ah ! Y a un coup à jouer.
Un gros coup.
Clair.
Clair que si je vais à Castres, j'ai plus de chance de jouer qu'à Bordeaux.
Clair.
Castres

On va être bien ici, mon Toto.
Carrément.
C'est bon, il ne reste plus rien. On a tout.
Super !
Je prends la chambre de droite.
Moi, celle de gauche.
On s'fait des pâtes ?
Bon, c'est pas tout ça, mais faut ranger, parce que demain, on file à Marcoussis.
Antho, tu prends les cartons de fringues ; Louis, tu prends les sacs ; moi, je me charge de la paperasse.
Chef, oui chef !

MARCOUSSIS, PÔLE FRANCE.
Grouille, Toto, on nous attend !
J'arrive !
Non, mais je reviens jeudi à Castres. Ah mais je peux pas non plus : vendredi, je m'entraîne, et samedi, je joue.
Ben non, Anthony, lui, il joue le dimanche...
Non plus, mardi prochain, je suis à Marcoussis...
Ben, j'y repars le dimanche soir.
Mais non, tu comprends pas : du lundi au jeudi, je suis au pôle espoirs, à Marcoussis.
Je m'entraîne avec l'équipe de France, si tu veux. Ensuite, le vendredi...
...je m'entraîne avec mes coéquipiers de Castres et on joue le samedi, en première.
Antho, c'est pareil, sauf qu'il joue en espoirs le dimanche... Mais non, c'est pas compliqué...
Quoi ? Quand est-ce qu'on se repose ?

Jamais...
L'Irlande, ou comment
Leinster
26 OCTOBRE 2014, STADE PIERRE ANTOINE, CASTRES.
Faites-leur mordre la poussière à ces Irlandais !
Il est prêt.

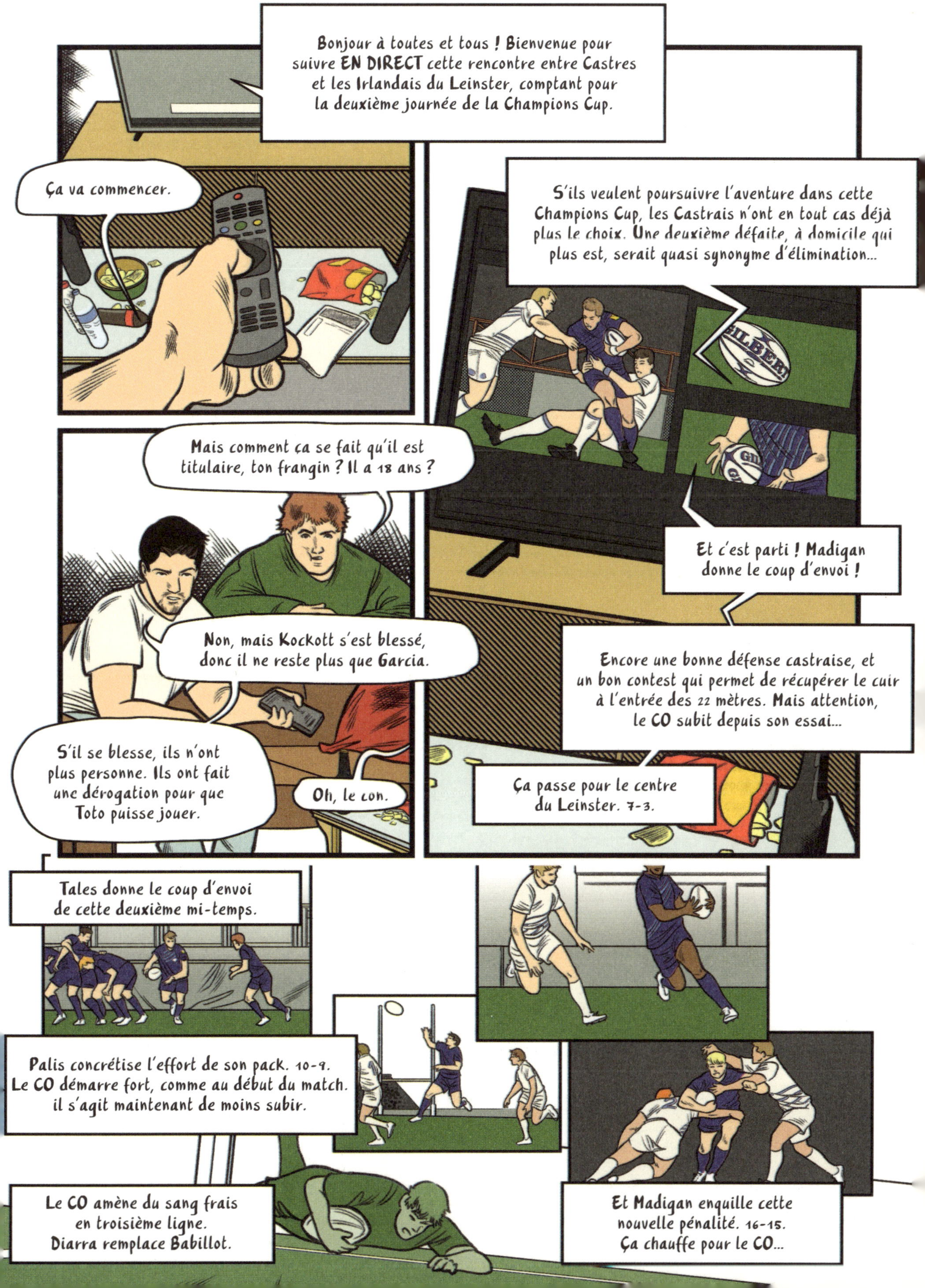
Bonjour à toutes et tous ! Bienvenue pour suivre EN DIRECT cette rencontre entre Castres et les Irlandais du Leinster, comptant pour la deuxième journée de la Champions Cup.
Ça va commencer.
S'ils veulent poursuivre l'aventure dans cette Champions Cup, les Castrais n'ont en tout cas déjà plus le choix. Une deuxième défaite, à domicile qui plus est, serait quasi synonyme d'élimination...
Mais comment ça se fait qu'il est titulaire, ton frangin ? Il a 18 ans ?
Non, mais Kockott s'est blessé, donc il ne reste plus que Garcia.
S'il se blesse, ils n'ont plus personne. Ils ont fait une dérogation pour que Toto puisse jouer.
Oh, le con.
Et c'est parti ! Madigan donne le coup d'envoi !
Encore une bonne défense castraise, et un bon contest qui permet de récupérer le cuir à l'entrée des 22 mètres. Mais attention, le CO subit depuis son essai...
Ça passe pour le centre du Leinster. 7-3.
Tales donne le coup d'envoi de cette deuxième mi-temps.
Palis concrétise l'effort de son pack. 10-9. Le CO démarre fort, comme au début du match. il s'agit maintenant de moins subir.
Le CO amène du sang frais en troisième ligne. Diarra remplace Babillot.
Et Madigan enquille cette nouvelle pénalité. 16-15. Ça chauffe pour le CO...

Ah, regarde, ton frère, il va rentrer.
Lein 16 15 CO 69:00
Antoine Dupont, même pas 18 ans, vient de faire son entrée à la mêlée. Il remplace Cédric Garcia.
Moins de dix minutes à jouer et un tout petit point d'avance pour le CO ! Cette fin de match va être bouillante !
À 25 mètres dans le coin droit, Madigan crucifie les Castrais. 16-21.
Tiiiiiiiii
Tiiiii
Tiiiiiiii
Merde. Ce sera pour une prochaine fois.

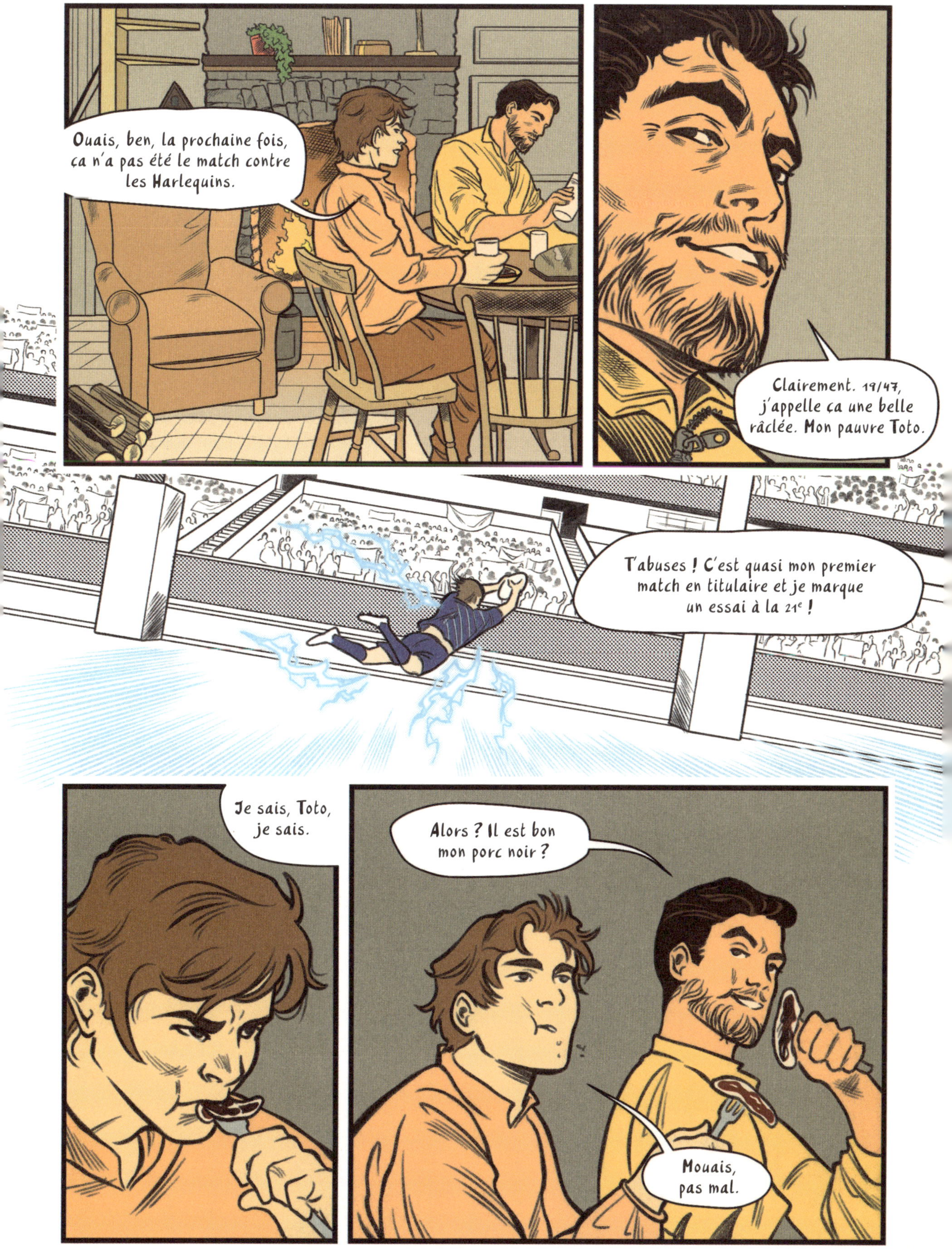
Ouais, ben, la prochaine fois, ça n'a pas été le match contre les Harlequins.
Clairement. 19/47, j'appelle ça une belle râclée. Mon pauvre Toto.
T'abuses ! C'est quasi mon premier match en titulaire et je marque un essai à la 21e !
Je sais, Toto, je sais.
Alors ? Il est bon mon porc noir ?
Mouais, pas mal.

Antoine,
tu viens voir ?
Mais bon sang, t'attends quoi ? Parle ! Parle aux gros ! Ils vont pas te bouffer !
Parle aux vieux aussi, exprime-toi, affirme-toi, commande, bordel ! T'es à la mêlée !!!

On gagne 40 à 3 contre l'Italie, 34 à 13 contre l'Irlande, 36 à 21 contre l'Écosse... Y a que ces Gallois qui nous ont eus...
Et il reste les Anglais !
Les Anglais.
Le Crunch.
Ouais, les rosbifs, quoi.

18 MARS 2016,
STADE DU HAMEAU, PAU.
Bienvenue à Pau, au stade du Hameau, pour ce dernier match des Six Nations des moins de 20 ans, un grand France/Angleterre !
Oh là là, Damian Penaud vole déjà vers son 2e essai dans ce match… Le 4e pour les Français !
Et hop, les Anglais !
Allez, les petits, on pousse, on pousse…
Et Arthur Retière qui aplatit le ballon derrière la ligne, 7e essai des Français !
Allez, bonne nuit, les Anglais !
Bien joué, les gars !
Fier de vous !
41/17, j'ai même plus besoin de faire une blague !
Ce soir, l'équipe de France U20 a surclassé l'Angleterre !!! 41-17 !! Un match à 10 essais dont 7 pour la France, qui termine 2e du tournoi, derrière le Pays de Galles !

Ah, enfin ! Toto est titulaire !
Alors, mon grand, ça y est ? Ils ont enfin vu ton potentiel ? T'es content ?
Ouais, carrément !
Ça va un peu mieux depuis les Six Nations, tu sais.
J'ai lu ça, oui. Je regarderai.
Cool !
Dépêche
Antoine Dupont
«Tout juste 19 ans, titulaire à la place de l'incontournable Rory Kockott»

CASTELNAU-MAGNOAC, NOËL 2016.
On a gagné 37 à 6 contre Pau.
Super, Toto.
Il est 6e du Top 14, génial, non ?
Et avec les Barbarians ? Tu racontes ?
Les Barbares ??
Marie... Les Barbarians, pas les barbares ! C'est un club de rugby à XV sur invitation.
On peut venir de toutes les équipes du pays... et on joue tous ensemble.
La classe !
Allez, raconte !
C'était énorme ! On a joué contre l'Australie, tu te rends compte ?

76'26 Barbarians 12 11 Australie
76'30 Barbarians 12 11 Australie
76'33 Barbarians 12 11 Australie
Et on a gagné 19-11 !

On avait dit 19 h, non ?
C'est Antoine, hein...
Antho ? Je peux te parler ?
Je sais ce que tu vas me dire...
Oui.
Ça fait des mois que tu tergiverses : tu te barres de Castres.
Je suis plus bien dans ce club...
Je sais. Purée, c'est la première fois qu'on ne jouera plus ensemble !
Arrêtez, les gars, on dirait un mélo, j'vais pleurer !
À Antoine, à Toulouse !!!
Quoi ? Tu vas à Toulouse ???
Oui.

TOULOUSE, NOVEMBRE 2016.
Bienvenue, Antoine.
Bienvenue, super content que tu nous aies rejoints.
Moi aussi... Toulouse, c'est quand même le club que je supporte depuis tout petit...
On va essayer de faire mieux que la tournée du XV cet été... Trois défaites.
Bah... Moi, j'ai joué que 24 minutes au deuxième match...
Ici tu vas jouer, mon petit, tu vas jouer !

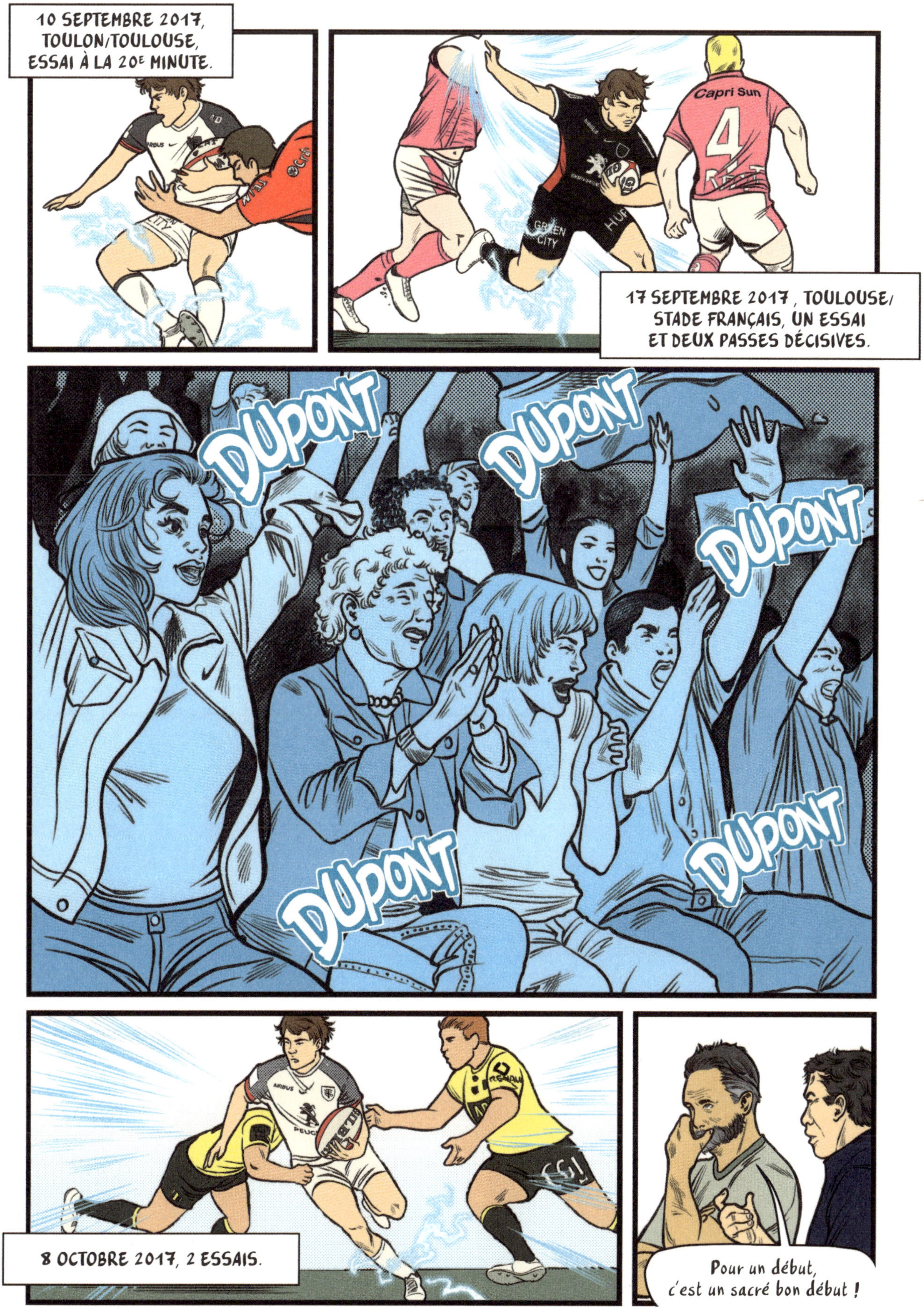
10 SEPTEMBRE 2017, TOULON/TOULOUSE, ESSAI À LA 20E MINUTE.
Capri Sun
17 SEPTEMBRE 2017, TOULOUSE/STADE FRANÇAIS, UN ESSAI ET DEUX PASSES DÉCISIVES.
DUPONT
DUPONT
DUPONT
DUPONT
DUPONT
8 OCTOBRE 2017, 2 ESSAIS.
Pour un début, c'est un sacré bon début !

11 NOVEMBRE 2017, TOURNÉE D'AUTOMNE DE L'ÉQUIPE DE FRANCE, STADE DE FRANCE, PARIS, 20 H 45. MATCH FRANCE/NOUVELLE-ZÉLANDE.
Ça fait plaisir de rejouer avec toi, vieux frère.
Ouais, finalement, on n'aura pas trop attendu...
Première fois titulaire en équipe de France, contre les All Blacks, ça le fait.
AIG
adidas
GMF
Essai de Teddy Thomas à la 26e minute !!! 17 à 5 pour la Nouvelle-Zélande...

47e : ESSAI DE PÉNALITÉ POUR LES BLEUS !!! Plus que 16 points de retard grâce à ce coup interdit des All Blacks dans leur en-but.
Ça n'aura pas suffi, défaite pour la France 18-38… Pour sa première titularisation en équipe de France…
… en 4 sélections, le joueur de Toulouse, Antoine Dupont, a été l'un des rares à tenir durablement la comparaison face aux All Blacks, au Stade de France. Il a été élu homme du match.
Nous avons pris trop de retard en première période car nous n'avons pas existé sur les fondamentaux.
Nous avons été dominés. Les All Blacks nous ont imposé leur tempo et nous n'avons pas su être les maîtres de ce match.
Je suis forcément très content d'avoir été titulaire, mais déçu d'avoir perdu…

Bon sang, on n'était pas loin ! Perdre 17-18, c'est pas possible, merde !
18 NOVEMBRE 2017, TOURNÉE D'AUTOMNE DE L'ÉQUIPE DE FRANCE, STADE DE FRANCE, PARIS. MATCH FRANCE/AFRIQUE DU SUD.
Pour ce choc, Guy Novès a décidé de reconduire le même XV que celui qui s'est incliné 18-38 face aux All Blacks samedi dernier.
ESSAI DES SPRINGBOKS !!
ESSAI d'Anthony Belleau pour les Bleus !!! Transformé par lui-même ! Les Bleus sont menés d'un petit point 7-8 à la mi-temps.
ESSAI DES SPRINGBOKS ! Transformé... Avec les pénalités précédentes, la France est menée 10-18.
ESSAI de Baptiste Serin pour la France ! Belleau transforme. Les Bleus sont revenus à un point ! 17-18 à la 77e.
Ça n'aura pas suffi, les Bleus s'inclinent d'un point face aux Springboks...

25 NOVEMBRE 2017, TOURNÉE D'AUTOMNE DE L'ÉQUIPE DE FRANCE, U ARENA, NANTERRE. MATCH FRANCE/JAPON.
FFR
Aux armes, citoyens ! Formez vos bataillons, marchons, marchons, qu'un sang impur, abreuve nos sillons !
XV de France
23
23
Japon
10
12
9
11
20
On passe pour des clowns. Quand je vois comment jouent les Japonais...
On est largués. Ils vont plus vite, tapent plus fort, ils collent aux standards internationaux en fait...
#FRANCE

Dis donc, t'as vu ce qu'il dit le président de la fédé ?
Laporte ? Non... Vas-y, lis...
« Je me donne quinze jours pour réfléchir. Le rugby français est malade, et cela ne date pas du dernier match contre le Japon...
MIDI OLYMPIQUE
LOURD BILAN
... mais cela ne peut plus continuer. Est-ce la solution ? Changer de sélectionneur ? Il faut trouver le bon médicament. »
Ah, tu vas voir, il va virer ce pauvre Novès...
Un peu de rugby maintenant : c'est désormais officiel, c'est Jacques Brunel qui remplacera Guy Novès au poste de sélectionneur du XV de France.

Alors donc, c'est Brunel...
Oui.
J'espère qu'il te fera beaucoup jouer avec le XV de France, alors...
Que je puisse te voir souvent à la télé, mon Toto !
Ben écoute, maman, on verra bien, le tournoi des Six Nations commence le 3 février...
Et coté Toulouse, ça va toujours ?
Oui oui, tonton, super.
Tu vends du rêve...
Il m'a dit : « Moi, je pense que tu es le demi de mêlée du XV de France. »
Enfin quelqu'un qui sait de quoi il parle !
Je le savais depuis toujours, moi !
HA HA HA HA

3 FÉVRIER 2018, STADE DE FRANCE, MATCH FRANCE/IRLANDE.
je suis encore remplaçant. Fait chier
adidas

LTRAD

MAI 2018, CERS CAP BRETON,
BLESSURE + 3 MOIS.
C'est pénible... J'arrive à rien faire, si ce n'est de la kiné tous les jours...
Je sais, Antoine, c'est long, mais ça progresse...
Ça va ? Pas de douleur ?
Non, non.
Tout va bien, Antoine ?
Mmmm...

Nickel, Antoine, à trois mois, tu trottines comme un chef.
Mmmm...
Allez, on continue, monte bien haut. Voilà, c'est ça...
Tu vas aller au stade samedi ?
Toulouse-Castres, barrage des phases finales du Top 14 ? Bien sûr que j'y vais... Mais j'ai la boule au ventre...
FLASH
FLASH
Allez, Antoine, soigne-toi bien !
FLASH
Reviens vite, Antoine !
FLASH
FLASH
FLASH
FLASH
TOILET
Antoine ! Pas trop les boules de pas jouer aujourd'hui ?
Bien sûr que j'ai les boules. Et en plus, on perd.

JUIN 2018, TOULOUSE. BLESSURE + 4 MOIS.
Allez, Toto, on rebosse les passes, les bases...
Ça fait quasiment cinq mois que j'ai pas touché un ballon...
Ça se perd un peu... au niveau des poignets...
Fin de la session, Toto ! Au massage !

AOÛT 2018, ANDORRE.
BLESSURE + 6 MOIS.
C'était long, les gars, mais quel plaisir de retrouver le terrain, le collectif !
Être seul, c'est ça le plus dur quand on joue en équipe...
Hé, les gars, oubliez pas : contacts encore interdits pour Toto ! Entraînement au pied pour le moment, Toto...
Alors, Toto ? Tu te sens comment ?
J'y vais pas encore franchement, j'ai de l'appréhension, mais ça va aller, c'est mes premiers entraînements collectifs...
J'arrive, je reviens !

SEPTEMBRE 2018, TOULOUSE.
BLESSURE + 7 MOIS.
Toto, on va faire un petit bilan rapide... Côté mental, comment tu abordes ce match à venir ?
Bah, ça va, il me tarde !
C'est quoi ton objectif ?
Ne pas penser à la blessure. Être bon, quoi.
Bon, tu prends le ballon, tu fais une passe qui te convient, puis tu fermes les yeux...
Tu la revois cette passe, encore et encore, et tu te concentres sur cette sensation de bien faire...

6 OCTOBRE 2018, STADE ERNEST-WALLON, TOULOUSE. BLESSURE + 8 MOIS.
Il est là, il est de retour, Antoine Dupont, prodige du rugby français.
Huit mois après sa blessure au genou, il sera remplaçant aujourd'hui dans ce derby Toulouse/Agen !
À la 60e minute, alors que Toulouse mène 10 à 0, il remplace Bézy, il est là, il est de retour de blessure : Antoine Dupont !

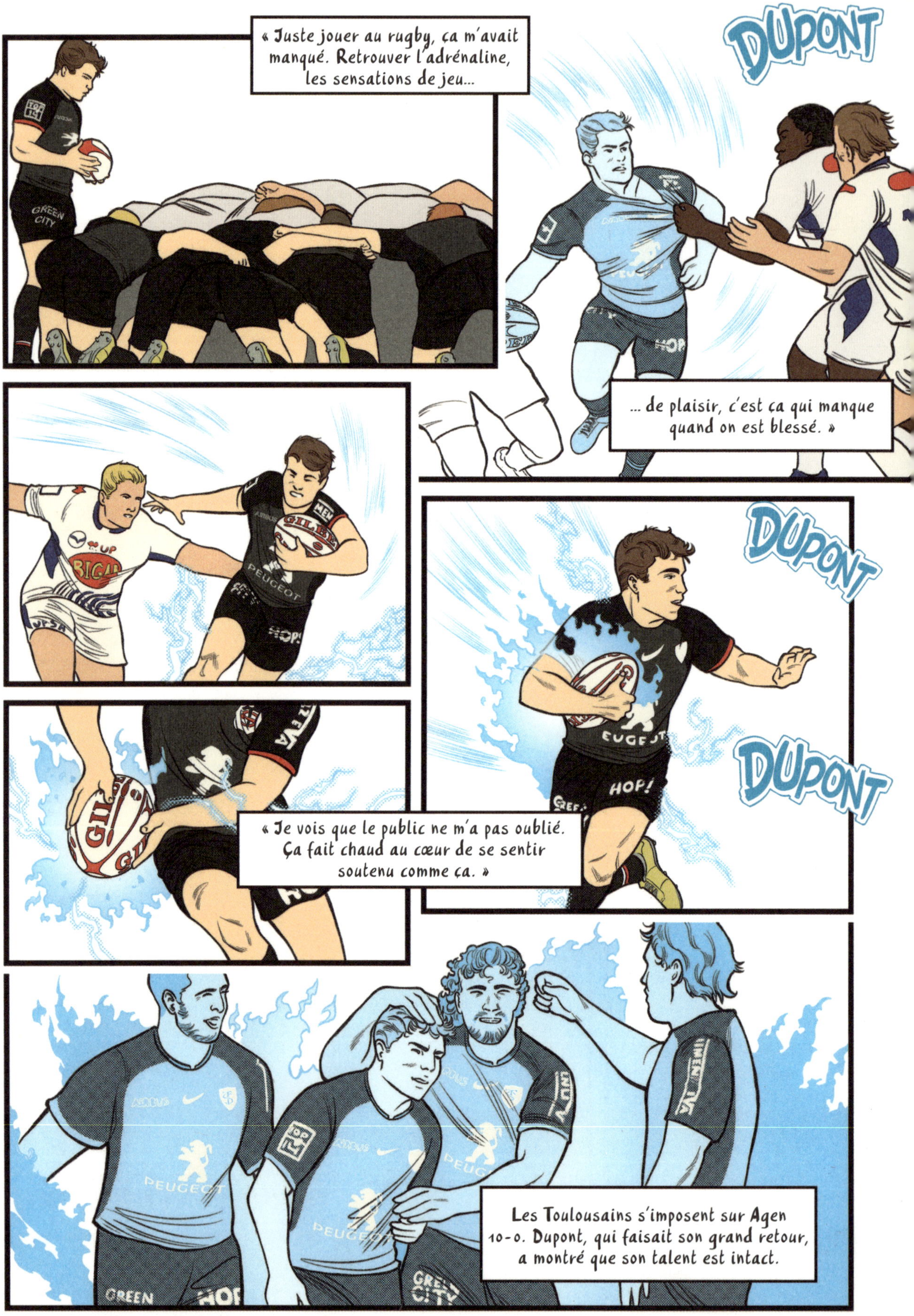
« Juste jouer au rugby, ça m'avait manqué. Retrouver l'adrénaline, les sensations de jeu...
DUPONT
... de plaisir, c'est ça qui manque quand on est blessé. »
DUPONT
DUPONT
« Je vois que le public ne m'a pas oublié. Ça fait chaud au cœur de se sentir soutenu comme ça. »
Les Toulousains s'imposent sur Agen 10-0. Dupont, qui faisait son grand retour, a montré que son talent est intact.

T'allumes ? Ça va commencer ! Toto joue, et il est à nouveau enfin titulaire !
Carrément !
Arf, ils perdent 10-11 à la mi-temps, ça part mal...
La balle pour Dupont, Dupont qui casse un placage, un deuxième, petit crochet, et c'est l'essai !!!!
Incroyable, un deuxième essai pour Antoine Dupont, en position de 10 !!!
Et un triplé pour Dupont, qui signe un grand retour, un retour XXL, un retour de folie sur le pré... Victoire de Toulouse sur Perpignan, 36 à 18 !
Ça tire un peu à la fin, dans l'en-but, j'avoue, j'avais besoin de m'étirer un peu les crampes !
Mais mon genou me gêne plus, j'ai plus qu'à jouer au rugby !!!

Alors, mon Toto, quoi de neuf ? Toujours dans le rugby ?
Oui oui, un peu...
Mmm...
En parlant de rugby, il m'a pas tellement entendue ton sélectionneur, je t'ai pas beaucoup vu jouer pendant la tournée d'automne des Bleus.
Ben quoi ? Douze minutes contre l'Afrique du Sud et six contre l'Argentine, j'appelle ça du gâchis de joueur.
Tu dis ça parce que t'es ma maman... C'est gentil.
Non, je suis comme ce monsieur Galthié, là, je crois en toi, mon Toto.
En attendant, pour les Six Nations, c'est Parra et Serin qui sont numéro 9. Toto est le troisième couteau. Scandale.
Hein ???
C'est comme ça.
C'est comme ça.
Brunel veut des buteurs fiables.

16 MARS 2019, STADIO OLIMPICO, ROME, 13 H 30.
L'EQUIPE
L'EQUIPE
Bienvenue à toutes et à tous pour suivre ce dernier match des Bleus dans le Tournoi des Six Nations 2019. Battus en ouverture par les Gallois (19-24), balayés en Angleterre (44-8)...
... impuissants en Irlande (26-14), les Bleus ne comptent qu'une seule victoire dans le Tournoi 2019, contre des Écossais diminués par les blessures (27-10).
Rappelons ici les propos de Fabien Galthié après le France/Angleterre.
Il faut arrêter d'attendre et titulariser Dupont.
NEWS SPORT NEWS SPORT NEWS SPORT
On a cherché des solutions, on a beaucoup travaillé dans les rangs du XV de France, Ntamack et Dupont forment la charnière, Guirado est talonneur et capitaine...
Allez, c'est parti, Romain Ntamack tape le coup d'envoi de la rencontre.
Essai de Dupont ! Médard gagne son duel face à Parisse, passe les bras pour Penaud.
L'ailier navique, fixe et donne à Dupont qui conclut. Premier essai avec le XV de France pour Dupont !
Victoire des Bleus en Italie (14-25). Le score est flatteur pour le XV de France, qui a pourtant souffert pendant une bonne partie du match.

MAI 2019.
Ah ben voilà !
XV de France : c'est officiel, Fabien Galthié devient l'adjoint de Jacques Brunel pour préparer la Coupe du monde au Japon et il prendra la place du sélectionneur en septembre prochain.
Bonjour du Japon
Antoine
Bonjour du Japon
Antoine

20 OCTOBRE 2019, QUART DE FINALE DE LA COUPE DU MONDE, OITA STADIUM, OITA, JAPON.
Bienvenue à toutes et à tous pour vivre en direct le quart de finale de la Coupe du monde entre le Pays de Galles et la France.
Après trois victoires consécutives, le XV de France a dans son viseur une place dans le dernier carré.
Oui, vous avez bien entendu, le XV de France a très bien démarré la compétition, enchaînant les victoires !
Petit bémol pour Antoine Dupont, qui souffre toujours de son dos... Il a été préservé les deux derniers matchs mais rentre sur le pré ce soir !
Et c'est bien parti, avec déjà deux essais français, de Vahaamahina et Ollivon, en dix minutes !
30e minute, essai de Vakatawa ! Ntamack transforme sans problème ! La France mène 19-10 à la mi-temps !
Alors que tout réussissait aux Bleus, Vahaamahina est expulsé pour un coup de coude sur un Gallois ! Les Bleus finiront à 14 ! On en est à 19-13 pour la France.
Les Français se montent agressifs, et ils montent vite défensivement.
Ah, c'est terrible : essai de Moriarty pour les Gallois ! Transformé bien sûr par Dan Biggar !!!
Et c'est terminé ! Le Pays de Galles s'impose et décroche son billet pour le dernier carré (20-19). Malgré une grosse partie de la seconde période...
... en infériorité numérique, le XV de France n'a rien lâché et s'est battu jusqu'au bout pour s'incliner d'un point seulement.
Tu te souviens des troisièmes mi-temps, au sous-sol, chez moi ? C'est loin tout ça, hein ?

J'ai l'impression que l'arrivée de Galthié fait du bien.
On n'est pas passé loin, hein... Trois victoires d'affilée, ça faisait longtemps...
T'as vu ? Dupont est pas retourné à l'entraînement. Il a toujours ses problèmes de dos, il paraît...
Il va en profiter pour se reposer, j'espère, y a que ça contre le mal de dos. Vanessa a eu six mois d'arrêt pour sa sciatique par exemple...
Je dis toujours que je vais en profiter pour me reposer, mais au bout d'un week-end, j'en ai déjà marre.

Alors, mon Toto ? Ça va mieux ?
Oui, je vais pouvoir reprendre le 29 contre Toulon.
Ouais, j'ai pas joué depuis le 20 octobre, ça commence à bien faire.
Ah ça, c'est une bonne nouvelle.
NOEL
Et avec Galthié, ça se passe bien ?
Je sens qu'on a confiance en moi. Ça aide énormément.
NOEL
Dites, vous avez entendu parler de ce virus bizarre, là, en Chine ?
Un virus ? Non... on s'en fiche, c'est en Chine, c'est loin !
SUD OUEST
BORDEAUX AGGLO
Trois premiers cas Covid
25 janvier 2020
Il s'agit d'un Français d'origine chinoise et de deux touristes chinois ayant séjourné à Wuhan, foyer d'origine du virus en Chine centrale.

ne faisons XV
FRANCE
ANGLETERRE
02 FEV.
16H00
STADEFRANCE
FRANCE
ITALIE
09 FEV.
16H00
STADEFRANCE
FRANCE
IRLANDE
14 MAR.
21H00
STADEFRANCE
Victoire de la France sur L'Angleterre, 24 à 17.
Victoire de la France sur L'Italie, 35 à 22.
Victoire de la France sur le Pays de Galles, 27 à 23.
Toujours invaincue après des succès contre l'Angleterre, l'Italie et le Pays de Galles, la France est en quête d'un grand chelem dans le tournoi, attendu depuis 2010. Pour cette rencontre, Fabien Galthié mise sur la continuité.
Alors que la France est menée, remplacement de Dupont par Serin. Le demi de mêlée français sort blessé au niveau de l'épaule.
Chier.

18 mars 2020. Crise du Covid. Confinement général.
Toto ? Tu passes un coup de tondeuse, s'te plaît ? J'veux bien t'héberger mais tu m'files un coup de main...
Merci pour la pelouse... Tu fais quoi ?
J'en profite pour bosser mes examens. Master en management du sport, mec, ça se fait pas tout seul.
Hey, Bonemine, après tu nous fais des confitures ?
Nan, après j'ai rééducation.

Toto ? Rugby !
Tu vas vraiment le faire ?
Évidemment. Un challenge capillaire, ça ne se refuse pas.
Voilà, les gars ! À vous ! Je nomme Sofiane Guitoune et Pierre Fouyssac.

On n'est pas tant mal ici, mon Toto, hein ?
Carrément... Quand je pense aux copains en appart à Toulouse... C'est pas la même...
C'est trop bon ces vieux matchs... J'adore regarder comment ça se passait avant...
Ouais, on apprend beaucoup en analysant leurs prises de décisions...
Je vais me coucher... Lever tôt demain, MOI !
Ouais, je m'enchaîne encore un ou deux matchs, et j'y vais.

OCTOBRE 2020, TOULOUSE.
DIN DON
Alors ça y est ? T'es là ?
Ouais, bro, j'ai signé au Stade. Trois ans.
Bon ben voilà, en coloc, comme au bon vieux temps de Castres.
Ouais, non mais ça va pas durer, je vais me trouver un appart…
T'inquiète, ça presse pas, on est déjà trois ici, y a de la place pour un quatrième…
Ah ouais ? C'est toi qui dis ça ? Tu as vu tes machins aux pieds, là ?
En revanche, ce qui presse, c'est ton look ! Mec, t'es à Toulouse ici, faut te relooker ! On va devoir aller faire du shopping…

Ça me fait plaisir de te voir, mon Toto, avec ce satané Covid…,
Noël annulé, ça faisait trop longtemps… Et je peux enfin te féliciter pour ton master !
Merci, merci…
Alors, raconte, ces Six Nations… La France deuxième, cette folie !!! Je l'aime décidément beaucoup ce monsieur Galthié…
Ouais… Un bon tournoi…
Tous mes potes du Gers jouaient : Greg, Antho, Pierre… J'ai retrouvé Damian, Cyril (Kéké jouait avec lui à 8 ans, tu te souviens ?), Julien (j'ai joué contre lui quand j'avais 13 ans)… Mais les stades étaient vides. C'était affreux.
On a gagné le France-Italie, 50-10…
Tu as marqué un essai et tu as été élu homme du match, mon chéri !
On a gagné aussi contre l'Irlande, 15-13…
En revanche, les Anglais ont été meilleurs, 23-20, c'est ça ?
Allez mon toto, la même contre les Blacks !
J'espère !
Ouais, les Écossais aussi… 27-23 pour eux.
On a quand même terminé par une victoire contre le Pays de Galles, 32 à 30… et 2e du tournoi…

20 NOVEMBRE 21, STADE DE FRANCE, PARIS, 21 H. TEST MATCH FRANCE/NOUVELLE-ZÉLANDE.
80 000 spectateurs pour un choc qui se joue ce soir à guichets fermés.
C'est parti à Saint-Denis, les Français donnent le coup d'envoi de la rencontre.
Essai de Mauvaka ! À la troisième minute, transformé par Jaminet, 7-0 pour la France, ça part bien...
Essai de Ntamack à la douzième ! Transformation de Jaminet, impeccable, 14-6 pour la France.
Deuxième essai de Mauvaka, transformation réussie par Jaminet, la France mène 24-6 à la mi-temps.

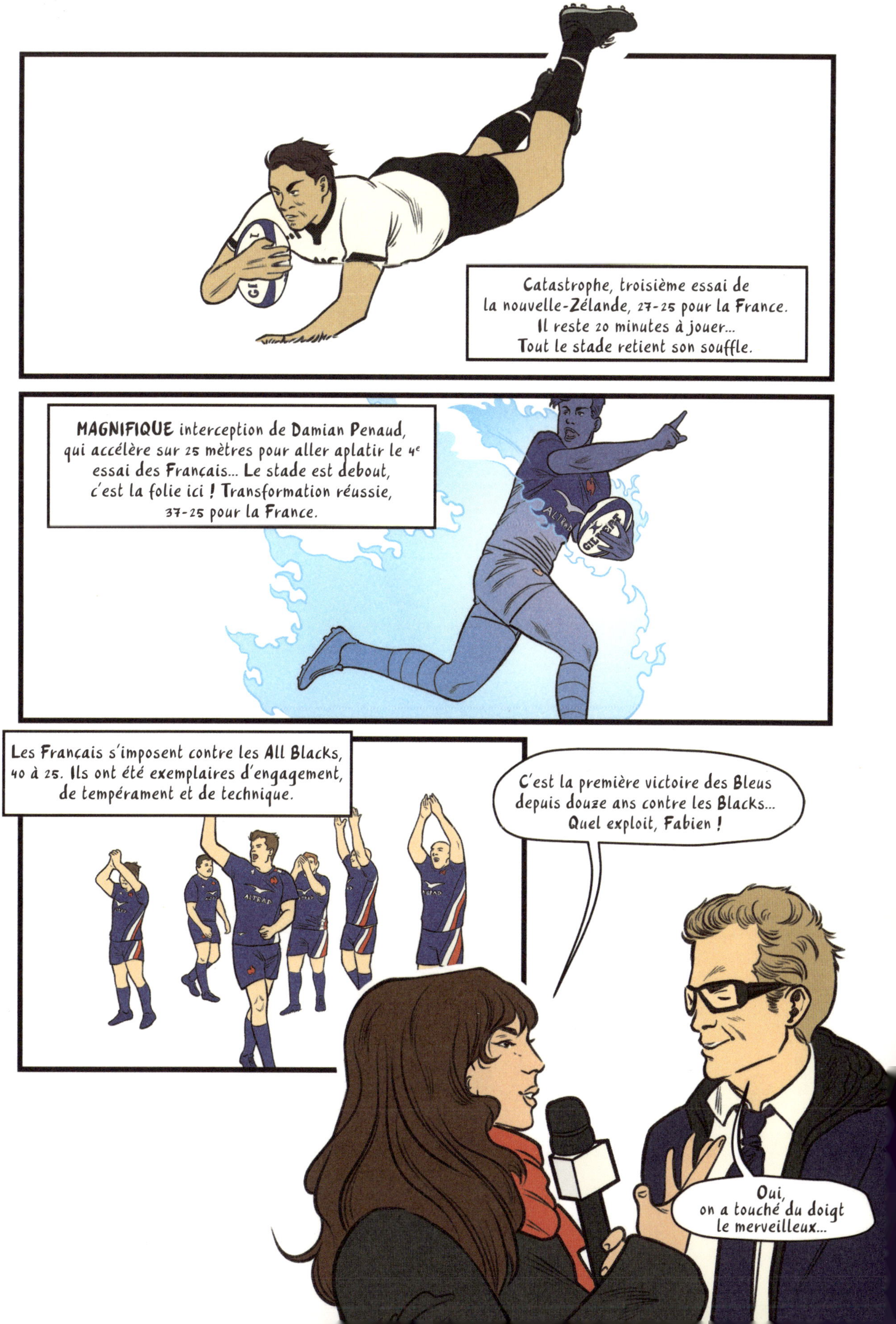
Catastrophe, troisième essai de la nouvelle-Zélande, 27-25 pour la France. Il reste 20 minutes à jouer... Tout le stade retient son souffle.
MAGNIFIQUE interception de Damian Penaud, qui accélère sur 25 mètres pour aller aplatir le 4e essai des Français... Le stade est debout, c'est la folie ici ! Transformation réussie, 37-25 pour la France.
Les Français s'imposent contre les All Blacks, 40 à 25. Ils ont été exemplaires d'engagement, de tempérament et de technique.
C'est la première victoire des Bleus depuis douze ans contre les Blacks... Quel exploit, Fabien !
Oui, on a touché du doigt le merveilleux...

Mmmm... Ça fait beaucoup pour un seul homme...
Champion d'Europe, deux fois champion de France, prix EPCR du meilleur joueur européen, capitaine de l'équipe de France, meilleur joueur du monde...
À seulement 25 ans.
Il va prendre le melon, c'est obligé.
COVID 2-0 ANTOINE

19 MARS 2022, STADE DE FRANCE, PARIS, 21 H.
Ce soir, la France reçoit l'Angleterre pour le crunch final du Tournoi 2022.
TOURNOI DES SIX NATIONS, JOUR 5. FINALE FRANCE/ANGLETERRE.
Les Français sont encore en course pour le grand chelem, après leurs 4 victoires.
La première 37-10 contre l'Italie, avec un triplé mémorable de Gabin Villière. La deuxième plus accrochée, 30-24 contre l'Irlande.
BILLET
La troisième 36-17 contre les Écossais, dans une lutte intense pour laquelle Antoine Dupont a été nommé homme du match. Et la quatrième contre le Pays de Galles, 13 à 9.
Ils y sont allés au courage, ont été solidaires tout au long de ce tournoi, et ils rêvent maintenant de grand chelem, le premier depuis douze ans.

On se lâche pas, jamais, on se lâche pas, jusqu'à la fin.
Triiiiiiiii !
Gabin ! Gabin !
Et le voilà, le premier essai bleu !!!
JO !!!

François Cros s'arrache, va au contact, et aplatit à bout de bras sur la ligne ! La France mène 16-6.
Avec moi, Greg !
Soutiiiiiiiiien ! Soutien !
On se lâche pas !
Alldritt franchit pour donner le ballon à Dupont, qui va marquer le troisième essai français !
Le camp des Gersois a encore frappé !!!
Transformation parfaite de Jaminet, la France mène 25 à 13 ! Ces dernières minutes vont être insoutenables…

Les dernières secondes, c'est la dernière mêlée... L'air est irrespirable...
Alldritt récupère le ballon, tape en touche, et c'est terminé ! La France s'impose 25 à 13, et remporte son 10e grand chelem... Douze ans qu'on l'attendait !
Bravo, messieurs, vous pouvez être fiers de votre belle équipe... Objectif atteint pour les coéquipiers d'Antoine Dupont.

De toute façon, toi, t'es trop petit, t'arriveras à rien.
Je veux aller jouer au rugby avec Kéké.
Prénom
Âge
Classe
Quel métier aimerais-tu faire plus tard?
Rugbyman professionel
Anthony, Paul et Antoine...
... remplaçants.

FRANCE
Un tournoi maîtrisé de bout en bout par les hommes d'Antoine Dupont. Quel bonheur pour cette nouvelle génération !!!
SIX NATIONS
GREATNESS

Allez, on va faire un petit coup de propre... On va changer deux-trois trucs dans la coloc.
GER
Ah ben voilà ! C'est mieux, ça respire !

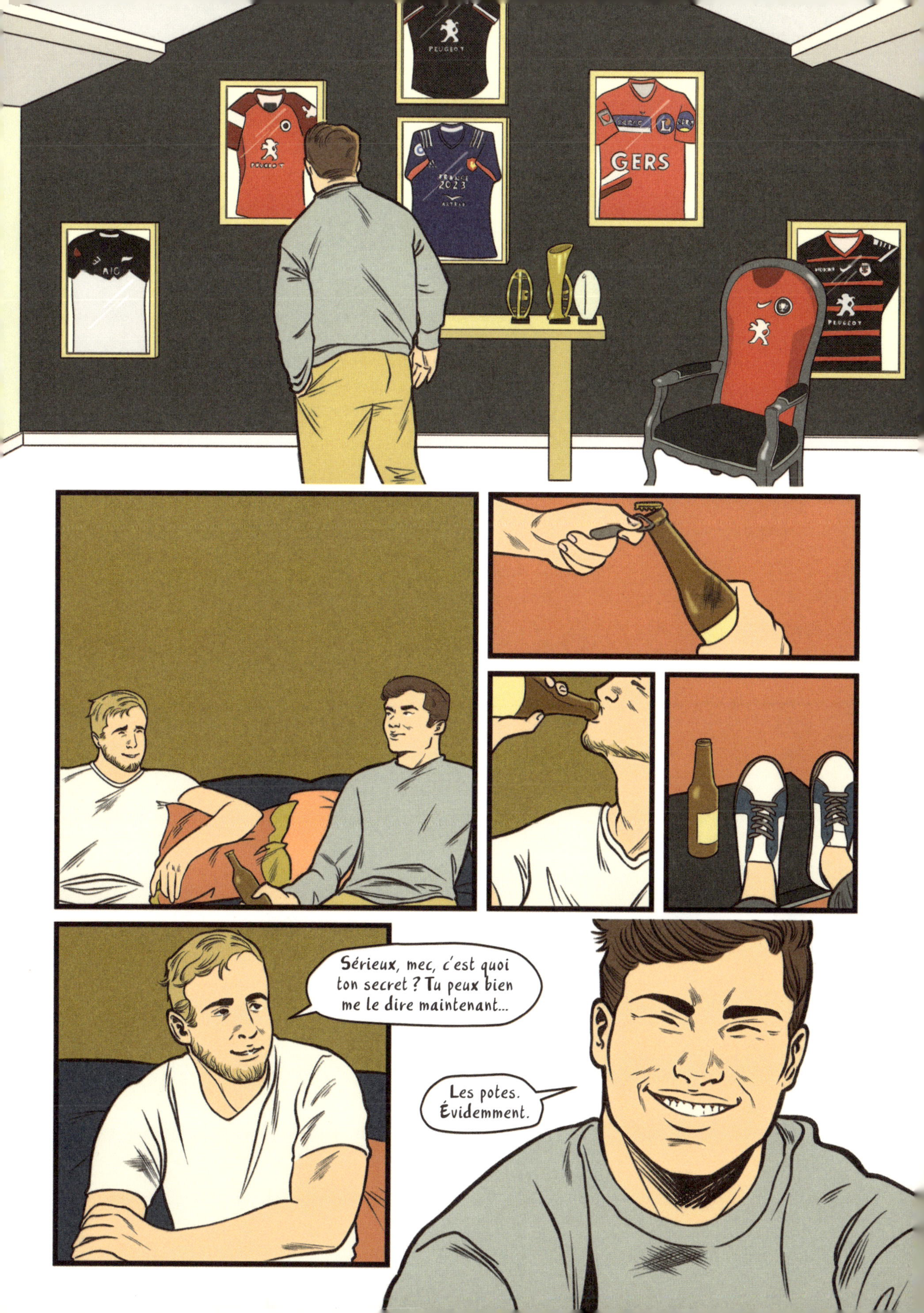

Sérieux, mec, c'est quoi ton secret ? Tu peux bien me le dire maintenant...
Les potes. Évidemment.

PAPIER À BASE DE FIBRES CERTIFIÉES

MARABOUT
s'engage pour l'environnement
en réduisant l'empreinte carbone
de ses livres.
Celle de cet exemplaire est de :
1100 gr éq. CO_2
Rendez-vous sur
www.marabout-durable.fr

Achevé d'imprimer en Espagne par Graficas Estella en octobre 2023
pour le compte des éditions Marabout
Hachette Livre, 58 Jean Bleuzen, CS 70007, 92178 Vanves Cedex

Dépôt légal : août 2023
ISBN : 978-2-501-16359-0

4892903
édition 02